BEI GRIN MACHT SICH IHR WISSEN BEZAHLT

- Wir veröffentlichen Ihre Hausarbeit, Bachelor- und Masterarbeit

- Ihr eigenes eBook und Buch - weltweit in allen wichtigen Shops

- Verdienen Sie an jedem Verkauf

Jetzt bei www.GRIN.com hochladen und kostenlos publizieren

Florian Wolf

Vor- und Nachteile von Open-Source ERP-Systemen auf On-Demand-Basis für KMU am Beispiel von openERP

GRIN Verlag

Bibliografische Information der Deutschen Nationalbibliothek:

Die Deutsche Bibliothek verzeichnet diese Publikation in der Deutschen National-
bibliografie; detaillierte bibliografische Daten sind im Internet über http://dnb.d-
nb.de/ abrufbar.

Dieses Werk sowie alle darin enthaltenen einzelnen Beiträge und Abbildungen
sind urheberrechtlich geschützt. Jede Verwertung, die nicht ausdrücklich vom
Urheberrechtsschutz zugelassen ist, bedarf der vorherigen Zustimmung des Verla-
ges. Das gilt insbesondere für Vervielfältigungen, Bearbeitungen, Übersetzungen,
Mikroverfilmungen, Auswertungen durch Datenbanken und für die Einspeicherung
und Verarbeitung in elektronische Systeme. Alle Rechte, auch die des auszugsweisen
Nachdrucks, der fotomechanischen Wiedergabe (einschließlich Mikrokopie) sowie
der Auswertung durch Datenbanken oder ähnliche Einrichtungen, vorbehalten.

Impressum:

Copyright © 2012 GRIN Verlag GmbH
Druck und Bindung: Books on Demand GmbH, Norderstedt Germany
ISBN: 978-3-656-61827-0

Dieses Buch bei GRIN:

http://www.grin.com/de/e-book/207141/vor-und-nachteile-von-open-source-erp-
systemen-auf-on-demand-basis-fuer

GRIN - Your knowledge has value

Der GRIN Verlag publiziert seit 1998 wissenschaftliche Arbeiten von Studenten, Hochschullehrern und anderen Akademikern als eBook und gedrucktes Buch. Die Verlagswebsite www.grin.com ist die ideale Plattform zur Veröffentlichung von Hausarbeiten, Abschlussarbeiten, wissenschaftlichen Aufsätzen, Dissertationen und Fachbüchern.

Besuchen Sie uns im Internet:

http://www.grin.com/

http://www.facebook.com/grincom

http://www.twitter.com/grin_com

Friedrich-Schiller-Universität Jena

Wirtschaftswissenschaftliche Fakultät
Lehrstuhl für Wirtschaftsinformatik

Bachelorarbeit

Vor- und Nachteile von Open-Source ERP-Systemen auf On-Demand-Basis für KMU am Beispiel von openERP

Autor: Florian Wolf

Ort, Abgabetermin: Jena, 28. September 2012

Zusammenfassung

Ausgehend von der Beobachtung, dass Enterprise-Resource-Planning-Systeme bereits seit vielen Jahren das softwaretechnische Rückgrat vieler großer Unternehmen darstellen, wird in dieser Arbeit der Versuch unternommen, eine Empfehlung für oder gegen den Einsatz eines solchen integrierten Informationssystems bei einem Kleinstunternehmen auszusprechen. In den Fokus rückt hierbei die Möglichkeit der Bereitstellung eines solchen Systems „On Demand" unter Würdigung der Anforderungen speziell kleiner Unternehmen.

Der Abhandlung selbst liegt ein dreistufiges Konzept zugrunde, in welchem zunächst die Basisbegriffe kurz erläutert werden und eine Einführung in das gewählte Bereitstellungsmodell in Abgrenzung zu alternativen Möglichkeiten gegeben wird.

Im zweiten Teil liegt der Schwerpunkt in der Präsentation des allgemeinen Auswahl- und Einführungsablaufes für ERP-Systeme auf Basis eines aktuell anerkannten Vorgehensmodells und den daraus resultierend notwendigen Modifikationen dieser „Best Practice" für Kleinstunternehmen.

Auf den daraus gewonnenen Erkenntnissen bezüglich der zuvor ermittelten speziellen Anforderungen eines Kleinstunternehmens der Handels- und Dienstleistungsbranche, basiert der Entwurf eines Referenzunternehmens. Anhand dessen werden übliche Vorgänge des Tagesgeschäfts auf einer Instanz des repräsentativen ERP-Systems „openERP" auf On-Demand-Basis unter Realbedingungen getestet. Die Ergebnisse dieses Benchmarks werden unter Berücksichtigung der theoretischen Erkenntnisse verwendet, um im Ergebnis die Gesamtwürdigung der allgemeinen Sinnhaftigkeit des Einsatzes von ERP Systemen auf On-Demand-Basis für KMU vorzunehmen.

Abstract

Based on the fact, that Enterprise-Resource-Planning-Systems have represented the software-backbone of many major companies for many years, this paper will attempt to make a suggestion pro or against the application of an integrated system to a small enterprise with a view to new providing models and by appreciation of the requirements of especially small companies.

The paper underlies a three-step-concept, that at first explains briefly the basic terms and gives an introduction to the available model „On Demand" compared to an alternative possibility.

The second part presents the general procedure of selection and introducing an ERP-System based on a currently recognized process model, to deduce necessary modifications of this "best practice" for small companies.

Subsequently a draft of a reference company is shown, based on new findings of the previously identified specific requirements of a small enterprise from the retail- and service sector. In relation to this there will be tested usual processes at daily business on an instance of the ERP-System "openERP" on On-Demand-Base under real conditions.

The results of this benchmark will be used to take an overall appraisal of the general usefulness of On-Demand- ERP-Systems for SME.

Inhaltsverzeichnis

Inhaltsverzeichnis IV

Abbildungsverzeichnis V

Abkürzungsverzeichnis VI

Einleitung 1

1   Grundlagen und Definitionen 2
1.1   KMU – Kleine und mittelständische Unternehmen 2

1.2   ERP-Systeme 4

1.3   Zwischenfazit zur Vorteilhaftigkeit von ERP-Systemen 7

1.4   ERP-Systeme als ausgelagerte Dienstleistung 9

1.4.1   Software-as-a-Service (SaaS) 10

1.4.2   On-Demand-Bereitstellung 11

1.4.3   Zwischenfazit zur ERP-Bereitstellung als On Demand Dienstleistung 12

1.5   Anforderungen der Zielgruppe an ein integriertes Informationssystem 15

1.6   Vorstellung von openERP als On Demand-Lösung 19

2   ERP-Einführung in einem kleinen Unternehmen 20
2.1   Ein Phasenmodell der ERP-Einführung 20

2.2   Allgemeine Würdigung des Aufwandes der Einführung eines ERP-Systems in einem
Kleinstunternehmen 26

3   Praxistest der Software „openERP" On Demand 28
3.1   Standardgeschäftsvorfälle im Vergleich 28

3.2   Fazit des Praxistests 32

4   Schlussbetrachtung 34

Literaturverzeichnis 36

Anhang 37

Abbildungsverzeichnis

Abbildung 1: Anteile der kleinen und mittelständischen Unternehmen an der deutschen
    Gesamtwirtschaft 3

Abbildung 2: Historie betrieblicher Standardsoftware 5

Abbildung 3: ERP II - System: ERP-System erweitert um überbetriebliche Funktionalitäten 6

Abbildung 4: Marktaufteilung ERP-Software 2011 7

Abbildung 5: Durchschnittliche Implementierungskosten eines SAP R/3 Systems 8

Abbildung 6: Berechnung nach der Kapitalwertmethode 21

Abbildung 7: OpenERP: Angebot angelegt 29

Abbildung 8: OpenERP: Angebot SO18 wurde erstellt 29

Abbildung 9: OpenERP: Auslieferung validieren 30

Abbildung 10: OpenERP: Angelegte Stücklistenstruktur Eigenfertigung 31

Abbildung 11:OpenERP: Fertigungsauftrag automatisch angelegt 32

Abkürzungsverzeichnis

Accenture	Accenture GmbH ,Campus Kronberg 1, 61476 Kronberg im Taunus
AGPL	Affero General Public License
CRM	Customer-Relationship-Management
ERP, ERP II	Enterprise-Resource-Planning
FAQ	Frequently Asked Questions SOA Service-oriented-Architecture
MRP	Material-Requirements-Planning
MRP II	Manufacturing-Resource-Planning
OD	On-Demand
OP	On-Premise
Openbig	big-consulting GmbH, Openbig.org, Porscheweg 4-6, 49661 Cloppenburg
OpenERP	Software openERP
OS	Open-Source
	SAPSAP Deutschland AG & Co. KG, Hasso-Plattner-Ring 7, 69190 Walldorf
SLA	Service-Level-Agreement
SME	Small and medium sized entities (s. "KMU")
SRM	Supplier-Relationship-Management
TCO	Total Cost of Ownership
USP	Unique Selling Proposition

Einleitung

Wettbewerbsdruck und der damit in einem funktionsfähigen Markt einhergehende Zwang zur Kostenersparnis von Seiten der Unternehmen bedingen auch unter dem Kalkül der Gewinnmaximierung hohe Ansprüche an die Effizienz der Tätigkeit von Unternehmen. Dies schlägt sich nicht nur auf die unmittelbare Produktion der Güter im Sinne eines effizienten Produktionsplanes nieder, sondern ebenso auf alle Prozesse, die in einem Unternehmen ablaufen und wie die Buchführung, Lager-, Material-, Kunden- und Personalverwaltung den gesamten Wertschöpfungsprozess begleiten.

Enterprise-Resource-Planning-, kurz ERP-Systeme, sind modulare Softwareprodukte, in welchen im Idealfall das gesamte Unternehmen datenmäßig abgebildet werden kann und mit denen somit alle in einem Betrieb zur Planung, Steuerung und Kontrolle notwendigen Aufgaben ausgeführt werden können. Da bei dem Einsatz von ERP-Systemen ohne Schnittstellenverluste in Echtzeit Daten aus allen Unternehmensbereichen zur Verfügung stehen und verwendet werden können, ohne dass diese vorher erst transformiert werden müssen, können dadurch gravierende Zeitersparnisse erzielt werden.

So können aufgrund der gemeinsamen Datenbasis Geschäftsprozesse abteilungsübergreifend automatisiert werden, was je nach Umfang des Customizing bei der Einführung der Software und in Abhängigkeit von der Spezifität der Geschäftsprozesse einen Teil der manuellen Eingriffe obsolet macht und so Personalzeit einspart.

Jedoch ist nicht nur eine reine Beschleunigung operativer Aufgaben im Unternehmen mit einem ERP-System erreichbar, auch taktische und strategische Fragen oder Kontrollmechanismen, wie ein Echtzeitcontrolling, sind einfacher realisierbar. In Unternehmen aller Größen kann dieser Zeitvorsprung in der Generierung relevanter betriebswirtschaftlicher Informationen zum Grad der Zielerreichung der unternehmerischen Tätigkeit als hoch eingeschätzt werden.

Die Einführung eines ERP-Systems erfordert eine tiefe Auseinandersetzung mit den betrieblichen Abläufen, oftmals ein hohes Budget für die Anschaffung sowie die notwendige Anpassung der Software an das eigene Unternehmen (Customizing) und ein flexibles Change-Management mit Schulungen der Mitarbeiter in der Bedienung der Softwaremodule.

Aufgrund des Potentials zur Effizienzsteigerung durch den Einsatz eines integrierten Informationssystems und des gegenwärtigen Markttrends, Software wie eine Dienstleistung zunehmend fremd zu beziehen, wird in dieser Arbeit der Versuch unternommen, zu zeigen, inwieweit diese möglichen Vorteile auch Kleinstunternehmen zur Verfügung stehen, also die Einführung eines ERP-Systems auf On-Demand-Basis sinnvoll ist. In einem ersten Schritt werden hierfür die mit der Einführung eines ERP-Systems verbundenen unternehmerischen Prozesse mit ihren Chancen und Risiken dargestellt. Anschließend wird anhand ausgewählter Geschäftsvorfälle eines fiktiven deutschen Kleinstunternehmens der Dienstleistungs- und Handelsbranche eine bekannte ERP-Lösung des geeignet erscheinenden Providing-Modells auf ihre Praxistauglichkeit getestet. Dabei handelt es sich um das Open-Source-System „openERP". Der Arbeit liegt eine Umfrage unter Kleinunternehmern zugrunde, die ein ERP-System eingeführt haben. Sofern die daraus gewonnenen praktischen Erkenntnisse die Problemorientierung der Ausarbeitung beeinflussen, wird darauf hingewiesen. Die Angaben zur Erhebung finden sich im Anhang.

Aus diesen Ergebnissen soll in einem letzten Schritt eine Handlungsempfehlung abgeleitet werden und die Verallgemeinerbarkeit bezüglich der existierenden ERP-Systeme auf On-Demand-Basis eingeschätzt werden.

1   Grundlagen und Definitionen

Die Auseinandersetzung mit dem abgesteckten Aufgabenfeld erfordert eine Kenntnis von Basisbegriffen im ERP-Bereich, für die oftmals keine allgemeingültigen Bestimmungen vorliegen. Um Redundanzen zu vermeiden erfolgt vorab die Erläuterung der hierbei zugrunde gelegten Definitionen sowie der Einschränkungen.

1.1   KMU – Kleine und mittelständische Unternehmen

Derzeit existiert keine rechtsverbindliche Definition eines „kleinen und mittelständischen Unternehmens". Nach Maßgabe der EU-Kommission im Jahr 2005 erfolgt die Einstufung eines Unternehmens als KMU anhand von Schwellwerten bezüglich der Mitarbeiterzahl im Jahresschnitt, sowie wahlweise dem Umsatz oder der Bilanzsumme.

Unabhängige[1] Unternehmen mit bis zu 9 Mitarbeitern und einem Jahresumsatz oder einer Bilanzsumme von bis zu 2 Mio. € werden demnach als „Kleinst-Unternehmen" definiert, welche mit einem Mitarbeiterstamm von bis zu 49 Personen und einem Umsatz oder einer Bi-

---

[1] Das bedeutet, dass kein anderes Unternehmen 25 % oder mehr des Kapitals und/oder der Stimmrechte an dieser Einheit halten darf oder umgekehrt.

lanzsumme bis 10 Mio. € als sog. „kleine Unternehmen". Mit 50-249 Beschäftigten und einem Umsatz bis 50 Mio. € oder einer Jahresbilanzsumme bis 43 Mio. € erfolgt die Qualifizierung als „mittleres Unternehmen". Die Europäische Kommission hat zwar 2003 den Versuch einer Normierung dieses Begriffes unternommen und die Empfehlung an die Mitgliedsländer ausgesprochen diese Definition zu verwenden, jedoch finden in der Mittelstandsforschung wie in der Literatur die folgend aufgeführten Vorgaben des Institutes für Mittelstandsforschung Bonn bis heute breitere Anwendung. Dieses Institut sieht den Begriff etwas weniger differenziert. „KMU" sind nach dessen Definition sowohl unabhängige „kleine Unternehmen" mit weniger als 10 Mitarbeitern und einem Jahresumsatz unter 1 Mio. € sowie unabhängige „mittlere Unternehmen" mit maximal 499 Beschäftigten und höchstens 50 Mio. € Jahresumsatz. Der absolut auch hohe wertmäßige Beitrag der KMU zur deutschen Wirtschaftsleistung (s. Abb.1) unterstreicht die Angemessenheit der Betrachtung dieses Aggregats.

Abbildung 1: Anteile der kleinen und mittelständischen Unternehmen an der deutschen Gesamtwirtschaft

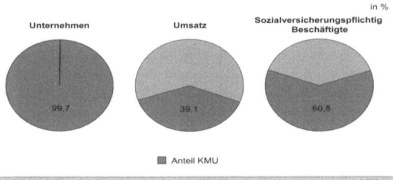

Quelle: Unternehmensregister d. stat. Bundesamtes.

Auch unter Zugrundelegung nicht ausschließlich quantitativer Kriterien und bei Einschränkung des KMU-Begriffes auf die Teilmenge derer, bei denen die Existenz des Unternehmens stark mit der wirtschaftlichen Existenz des Inhabers zusammenhängt, zeigt sich die enorme Bedeutung von kleinen und mittelständischen Unternehmen in der deutschen Gesellschaft und deren Beitrag zur deutschen Wirtschaftsgesamtleistung. Bei Zugrundelegung der IfM-

Schwellwerte betrug im Jahr 2009 der Anteil der KMU an den Unternehmen im deutschen Unternehmensregister 99,7 %[2] und bei Berücksichtigung des niedrigeren Schwellwertes bezüglich der Beschäftigtenzahl der EU-Definition 99,5 %[3].

Diese Arbeit legt daher den Fokus auf den kleinsten gemeinsamen Nenner der obigen Definitionen, was einem Kleinstunternehmen entspricht. Diese Unternehmen beschäftigen weniger als 9 Mitarbeiter und generieren einen Jahresumsatz von weniger als 1 Mio. €.

1.2   ERP-Systeme

In der Literatur findet sich auch heute noch oftmals die synonyme Verwendung des Begriffes „Warenwirtschaftssystem" für „ERP-System". Diese Gleichsetzung ist jedoch nur insoweit korrekt, als dass sich moderne integrierte Informationssysteme seit den 1960er Jahren aus Material-Requirement-Planning-Systemen (MRP-Systemen) entwickelt haben, deren Einsatzzweck sich primär über das Handling der Materialien, wie die Ermittlung der Teilbedarfe, die Disposition und die Lagerung, erstreckte.[4] Diese frühen Bemühungen, Insellösungen zu vermeiden und eine integrierte Lösung zu erhalten, fanden bei großen Unternehmen statt, da vermutlich hier u.a. aufgrund des Umfanges der operativen und Verwaltungsaufgaben die erwarteten Vorteile beispielsweise aus der abteilungsgemeinsamen Datenbereitstellung als dementsprechend bedeutsam eingeschätzt wurden und zudem hinreichend Kapital für ein solch innovatives Vorhaben vorhanden war. In der nächsten Evolutionsstufe entstanden aus dem Bestreben diese MRP-Systeme durch Funktionen der Kapazitätsplanung zu erweitern, um somit eine computeroptimierte Produktionsplanung zu ermöglichen, Manufacturing-Resource-Planning (MRP II) – Systeme. Sie ermöglichen die Geschäftsplanung, indem die Produktionsprogramm- sowie die Materialbedarfs- und Kapazitätsplanung in diesen abgebildet ist, sowie die Produktionssteuerung mit Betriebs- und Maschinendatenerfassung.

ERP – Systeme stellen in dieser Entwicklung die dritte Generation dar, indem nun mit der Einbindung der verbliebenen internen Aktivitäten wie Controlling, Personal- und Finanzwesen eine vollständig redundanzfreie innerbetriebliche Informationsverarbeitung möglich wird.

---

[2] Vgl. IfM Bonn: Statistik, http://www.ifm-bonn.org/index.php?id=580, Abruf: 28.09.2012.
[3] Vgl. ebd.
[4] Vgl. Gronau, N. (2004): Enterprise Resource Planning und Supply Chain Management, S. 11.

Die zusätzliche Anbindung und Zusammenarbeit der Systeme von Kunden, Partnern und Lieferanten markiert den Aufgabenbereich von ERP II – Software. Damit wird eine Integration über Unternehmensgrenzen hinweg angestrebt.

Abbildung 2: Historie betrieblicher Standardsoftware

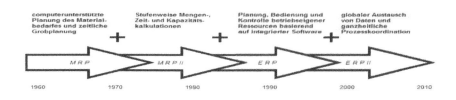

Quelle: eigene Darstellung.

Die hier dargestellte Entstehung hin zu ERP II – Systemen war stets getragen von dem Gedanken, für verschiedene Unternehmensbereiche zunächst eine einheitliche Datenbasis zu schaffen, um darauf aufbauend die Abläufe innerhalb dieser und zwischen selbigen rationeller zu erledigen oder gar automatisiert ablaufen lassen zu können. Mit dieser Entwicklung und der Aufgaben- und Kompetenzverteilung in einem Unternehmen erklärt sich der modulare Aufbau der im Fokus dieser Arbeit stehenden Art betriebswirtschaftlicher Software. Die Basisfunktionen der ERP-Systeme sind sehr ähnlich und decken in der Regel die im Folgenden genannten Bereiche ab. Unterschiede treffen hauptsächlich über die Tiefe der Integrationsmöglichkeiten innerhalb der aufgeführten Funktionsbereichen und das grafische Nutzerinterface zu. Sie enthalten:

- Controlling

- Finanz- und Rechnungswesen

- Forschung und Entwicklung

- Materialwirtschaft

- Personalwirtschaft

- Produktion

– Stammdatenverwaltung

– Verkauf / Marketing

Im Idealtypus eines ERP II – Produktes sind aus der Funktionssicht alle Aktivitäten entlang der Wertschöpfungskette, also unternehmensinterne wie - externe Abläufe abgebildet:

Abbildung 3: ERP II - System: ERP-System erweitert um überbetriebliche Funktionalitäten

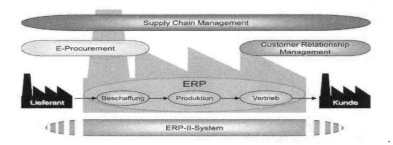

Quelle: http://meck-online.de/wp-content/uploads/2010/01/2007 11_Business_Software_Loesungen.pdf.

In technischer Hinsicht sind ERP II – Systeme systematisch auf die Nutzung per Web ausgerichtet, was neben den bereits bestehenden Maximen besonders folgende neue Anforderungen an die zugrundeliegende Softwarearchitektur stellt, wie der in diesem Kontext zahlreich zitierte heutige Analyst und Partner bei Strategy Partners International und frühere ERP-Analyst bei Gartner, Helmuth Gümbel, konstatiert:

Web-konforme Basisarchitekturen:

- Plattformunabhängigkeit,

- ein hohes Maß an Flexibilität,

- Serviceorientierung,

- Skalierbarkeit und Interoperabilität.[5]

Auf weitere Ausführungen zu Funktionen und Architektur wird an dieser Stelle verzichtet, da darauf in den folgenden Kapiteln näher eingegangen wird. Den Markt für Großunternehmen

---

[5] Vgl. Grobman, J. (2009): ERP-Systeme On Demand, S. 13.

beherrschen im Wesentlichen die Anbieter SAP aus Deutschland sowie das kalifornische Unternehmen Oracle, wie Abbildung 4 zeigt.

Abbildung 4: Marktaufteilung ERP-Software 2011

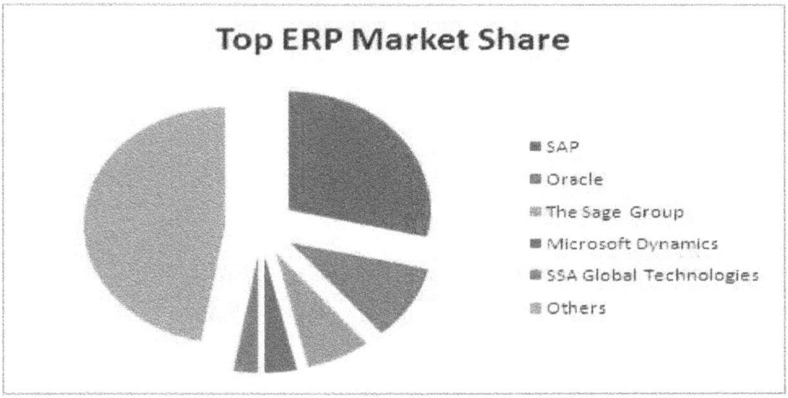

Quelle: http://www.accountingsoftwarereview.com/ERP-Software-Market-Share-Analysis.html.

Wenn in dieser Ausarbeitung die Begriffe „ERP-„ oder „integriertes Informationssystem" verwendet werden, liegt das ERP II-Konzept zugrunde, da dies die Grundlage für ERP-Systeme bilden muss, deren Bezug als Dienstleistung möglich sein soll.

1.3 Zwischenfazit zur Vorteilhaftigkeit von ERP-Systemen

Als Vorteile von ERP-Systemen werden in der Literatur die effizienteren Abläufe genannt, die aus den vorgestellten Funktionen resultieren können, was im Ergebnis Kostenersparnisse in diesen Funktionsbereichen bedeutet. Dieser Nutzen wird jedoch von der Häufigkeit des Auftretens dieser Transaktionen im betrachteten Unternehmen determiniert und ist dementsprechend in der Höhe abhängig vom operativen Geschäft und der Struktur des Unternehmens.

Zu den Nachteilen dieser Lösungen werden die technischen und strategischen Herausforderungen des Vorhabens gezählt sowie die erheblichen finanziellen Risiken. Der langwierige Prozess, die konkreten Unternehmensbedürfnisse zu formulieren und anhand derer aus der Vielzahl der mittlerweile vorhandenen ERP-Systeme das am besten passende zu wählen, ist sehr wichtig, aber in jeder Hinsicht aufwändig. Sowohl der Zeit- als auch der Kostenaufwand von Seiten des einführenden Unternehmens und dessen Beratern, der durch den ständigen iterativen Prozess „Was brauchen wir? – Wer bietet das von den selektierten Anbietern? –

Was kostet ggf. die Anpassung? – Brauchen wir das dennoch?" verursacht wird als auch die stets notwendige Prüfung der Verfügbarkeit von Integratoren, erfordern große Anstrengungen. Das Ziel darf dabei nicht aus den Augen verloren werden und so sind Durchhaltevermögen und auch eine andauernde hohe Motivation der Beteiligten erforderlich.

Zu erwähnen sind in diesem Kontext auch die Kosten für die weitere Wartung der Software und die Notwendigkeit von Mitarbeiterschulungen, wodurch gewisse Abhängigkeiten vom Personal entstehen, sowie die Opportunitätskosten, wenn dadurch das Tagesgeschäft durch eigentlich anderweitig beschäftigte Mitarbeiter leidet. So ergibt sich übereinstimmenden Publikationen eine in der Grafik gezeigte Kostenaufteilung:

Abbildung 5: Durchschnittliche Implementierungskosten eines SAP R/3 Systems

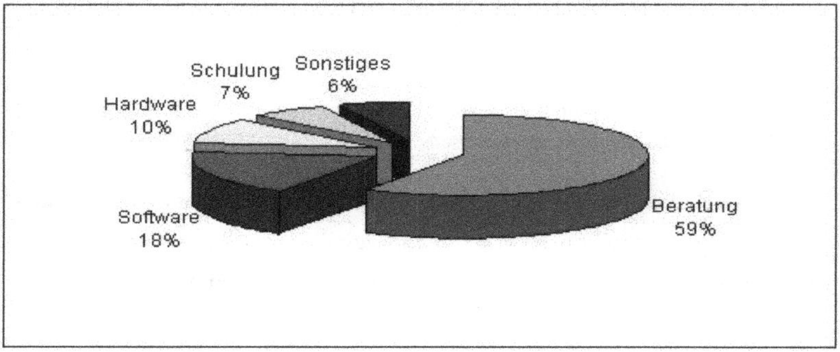

Quelle: Lehrstuhl Wirtschaftsinformatik, Universität Wien.

Es ist klar zu erkennen, dass bei einem durchschnittlichen SAP R3- Implementierungsprojekt die Beratungskosten den mit Abstand größten Kostentreiber darstellen, während die reine Soft- und Hardware nur etwas mehr als ein Viertel der Gesamtkosten verursachen. Quellen, die diese Darstellung für den Nachfolger SAP ERP oder ein anderes ERP-System falsifizieren, konnten nicht gefunden werden.

Im Endeffekt bedeutet die Einführung eines ERP-Systems im Allgemeinen für Kleinstunternehmen aufgrund geringer finanzieller Budgets und personeller Kapazitäten ein nicht zu unterschätzendes existenzielles Risiko, da zu Beginn des Vorhabens die Kosten nicht konkret absehbar sind und es demnach nicht verwundert, dass oftmals Budgetüberschreitungen von teilweise großem Ausmaß auftreten.[6] Im Zuge der Prüfung neuerer Bereitstellungskonzepte

---

[6] Vgl. Eggert, S. & Gronau, N. (2009): Modellbasierte Auswahl von ERP-Systemen, S. 30.

muss deshalb geprüft werden, ob neben diesem Kostenblock auch Einsparungen im Bereich des Consulting erreicht werden können.

1.4   ERP-Systeme als ausgelagerte Dienstleistung

Im privaten Sektor war es über viele Jahre hinweg üblich, Softwarelizenzen, genau wie andere Produkte auch, regulär zu kaufen, um sie anschließend nutzen zu können. Ein ähnliches Bild ergibt sich für den gewerblichen Bereich, erweitert um die Tatsache, dass Programme dort aufgrund ihres Charakters als Investitionsgut unter Umständen auch geleast werden konnten. Hierbei installiert der Anwender oder das Unternehmen die Software nach dem einmaligen Lizenzerwerb auf den eigenen Computer- oder Serversystemen. Die Anpassung dieser Software findet durch den Endkunden des Programmes oder einen von diesem beauftragten Dienstleister statt. Updates werden in der Regel in gewissem Umfang vom Hersteller bereitgestellt, wobei die Installation selbiger wiederum dem Kunden obliegt. Dies entspricht dem Charakter der On-Premise-Definition.

Die neueren Gedanken, Software nun wie eine Dienstleistung bereitzustellen, ermöglichen Entwicklungen, die durch das Zusammenspiel von Technologien realisiert werden, welche in der Literatur häufig unter dem Begriff „Cloud Computing" zusammengefasst werden. Auch zu „Cloud Computing" gibt es keine allgemeine Begriffsfestlegung. So finden sich hierzu zahlreiche verschiedene Definitionen, welche jedoch inhaltlich differieren und oftmals die darauf basierenden Bereitstellungsmodelle Software-as-a-Service und On-Demand gleichsetzen. Es herrscht weitgehend Konsens darüber, dass die Technologien, auf denen Cloud Computing basiert zwar nicht neu sind, aber in ihrer Kombination neue betriebliche Möglichkeiten eröffnen.[7]

Besagte Technologien sind neben Internet und ERP-Systemen im Allgemeinen die Methoden SaaS und das dem letztgenannten Punkt zugrunde liegende Prinzip der Serviceorientierten Architektur (SOA).[8]

SOA-Prinzip bedeutet, dass nicht zwingend die gesamte Geschäftslogik in einer Applikation vorliegen muss, sondern über mehrere Systeme oder sogar Unternehmen verteilt sein kann.[9] In der SOA-Architektur sind Funktionen als Dienste angelegt und bilden so einen Pool ge-

---

[7] Vgl. Fraunhofer IESE: Cloud Computing 2011, http://www.iese.fraunhofer.de/content/dam/iese/de/dokumente/oeffentliche_studien/iese-035_11.pdf, Abruf: 28.09.2012.

[8] Vgl. ebd.

[9] Vgl. Grobman, J. (2009): ERP-Systeme On Demand, S.21.

meinsam verfügbarer Abläufe. Somit können einzelne Module abgerufen werden und durch standardisierte Schnittstellen zu neuen Anwendungen kombiniert werden. Es ist möglich, bestehende Abläufe dadurch immer wieder zu verwenden.

Bei dem Bezug von Software als Dienstleistung kommt es auf der Anwenderseite oftmals zu einer Absenkung der Anforderungen an die auf den Arbeitsplatzrechnern installierte Hard- und Software, da die eigentliche Programmlogik ausgelagert betrieben wird. Die komplette technische Bereitstellung inklusive der Wartung obliegt dabei dem Dienstleistungsanbieter, der den Service außerhalb des nutzenden Unternehmens betreibt und diesem über das Internet zur Verfügung stellt. Damit sind Kosteneinsparungen beim IT-Fachpersonal möglich, die jedoch mit durch dieses Bereitstellungskonzept bedingten Einschränkungen in der Flexibilität erkauft werden. Diese Einengungen variieren je nach Bereitstellungsmethode und erfordern deshalb im Vorfeld ebenso eine sehr gewissenhafte Beschäftigung mit dem Thema bei Abwägung der Vor- und Nachteile.

Um im Folgenden das Modell des Software-as-a-Service von dem der On-Demand-Bereitstellung abzugrenzen, wird der Definition des Bundesamtes für Sicherheit in der Informationstechnik gefolgt: „Cloud Computing bezeichnet das dynamisch an den Bedarf angepasste Anbieten, Nutzen und Abrechnen von IT-Dienstleistungen über ein Netz. Angebot und Nutzung dieser Dienstleistungen erfolgen dabei ausschließlich über definierte technische Schnittstellen und Protokolle. Die Spannbreite der im Rahmen von Cloud Computing angebotenen Dienstleistungen umfasst das komplette Spektrum der Informationstechnik und beinhaltet unter anderem Infrastruktur (z. B. Rechenleistung, Speicherplatz), Plattformen und Software."[10]

1.4.1 Software-as-a-Service (SaaS)

Inhaltlich handelt es sich bei SaaS, wie es der Name suggeriert, um das Konzept Software als Dienstleistung über das Internet bereitzustellen. Diesem liegt eine Multi-tenant-Architektur zugrunde, sodass nicht jedem Kunden einzeln eine dedizierte Infrastruktur aus Hardware, Betriebssystem und Anwendung bereitgestellt wird, wie das bei dem auf Single-Tenancy basierenden Application-Service-Providing (ASP) der Fall ist. ASP lässt sich als Variante des OD verstehen, wie in 1.4.2 dargestellt wird.

---

[10] Vgl. Bundesministerium für Sicherheit in der Informationstechnik: Cloud Computing, https://www.bsi.bund.de/DE/Themen/CloudComputing/Grundlagen/Grundlagen_node.html, Abruf: 28.09.2012.

Der Grundgedanke ist es, eine „One-to-many"-Lösung zu entwickeln, so dass eine einmal entwickelte Anwendung in ihrer Funktion vielen Kunden zur Verfügung gestellt wird. Die Software wird vom Anbieter gewartet und weiterentwickelt und allen Anwendern stehen die gleichen Funktionen zur Verfügung. Allerdings ist es oftmals so, dass die Bezeichnung „SaaS", vermutlich wegen des positiven Marketingeffektes, falsch verwendet wird. „Echte "Software-as-a-Service" liegt nur dann vor, wenn die Lösung wirklich wie Wasser oder Strom aus der Leitung kommt und sie der User sofort, ohne Anpassungen und in gleich bleibender Qualität nutzen kann."[11] Daraus folgt, dass individuelle Anpassungen im Sinne eines Customizings bei ERP-Systemen nach dieser Definition nicht möglich sind. Es kann durchaus Sinn machen bei „Standardanwendungen" auf SaaS zurückzugreifen, bei stark anpassungsbedürftiger Software oder in Bereichen, die ein Alleinstellungsmerkmal (USP) bilden, dementsprechend nicht. Man nimmt daher an, dass sich für 80 Prozent der betrieblichen Abläufe das SaaS-Konzept eignet.[12] Bezogen und bezahlt werden SaaS-Lösungen in Intervallen, die Höhe der Kosten variiert in der Regel abhängig von der Nutzerzahl und dem Zahlungszeitraum.

Ein prominentes Beispiel für SaaS ist das kürzlich zu Google Drive zusammengefasste Angebot des Suchmaschinenanbieters, welches im Webbrowser läuft und neben einer kompletten Office-Suite zur Textverarbeitung, Tabellenkalkulation, Präsentations- oder Zeichnungserstellung auch zahlreiche Tools zur Kollaboration, wie einen gemeinsamen skalierbaren Datenspeicher enthält. Auch das Softwareunternehmen Microsoft bietet einen ähnlichen Dienst unter dem Namen „Office 365" an.

1.4.2 On-Demand-Bereitstellung

Basierend auf den Technologien, die als Cloud Computing zusammengefasst werden, lässt sich eine weitere Form der Verfügbarmachung von Services realisieren, die klassischerweise ebenfalls einer Installation auf dem Server oder Computer des Anwenders bedürfen würde.

Eine sinnvolle Unterteilung der Bereitstellungstypen innerhalb des OD kann in drei Klassen erfolgen[13]:

---

[11] Vgl. Lixenfeld: SaaS: Lösungen aus der Leitung,
   http://www.computerwoche.de/mittelstand/1854899/index5.html, Abruf: 28.09.2012.
[12] Vgl.: Tebo: SaaS vs. On Demand and the 80-20 Rule ,
   http://blog.proofpoint.com/2007/03/saas-vs-on-dema.html, Abruf: 28.09.2012.
[13] Vgl. Grobman, J. (2009): ERP-Systeme On Demand, S. 21.

Typ 1: Die technische Umsetzung einer On Demand-Lösung erfolgt, indem der Anbieter wie beim Application Service Providing dedizierte Hard- und Software bereitstellt und sämtliche technischen Arbeiten übernimmt. Der Kunde erhält die Zugangsdaten und kann auf das ERP-System ortsunabhängig zugreifen sowie dieses in gewissen Grenzen, die von der Sicherheitspolitik des Anbieters gesetzt werden, initial anpassen und nutzen.

Typ 2: Der Provider betreibt die Kunden-ERP-Systeme auf virtuellen Servern innerhalb seines Hostsystems und stellt das nach Kundenwünschen zum Beispiel durch Addons angepasste ERP-System mit Wartungsservice bezüglich der Serverhard- und –Software sowie der Anwendung bereit.

Typ 3: Diese Variante setzt eine Software voraus, welche es ermöglicht, mehrere einzelne ERP-Instanzen mit komplett voneinander abgetrennten Datenbanken zu beherbergen. Diese Muttersoftware stellt der technische Anbieter des ERP-Systems auf einem gemanagten dedizierten Server bzw. Cluster bereit. Da durch dieses Providingkonzept noch speziellere Anforderungen an die Software des integrierten Informationssystems gestellt werden, erscheint es als logische Konsequenz, dass die Suche nach einer solchen Lösung vor allem bei den Softwareentwicklern selbst von Erfolg gekrönt ist. So bieten die Entwickler von vTiger selbst einen solchen Dienst an.

Die Vorteile sind wie bei SaaS die in der Regel höhere Verfügbarkeit und Zuverlässigkeit der Anwendung, da die Bereitstellung in hochprofessionellen Rechenzentren erfolgt und Betriebsunterbrechungen durch die Verantwortlichkeit des Bezugsproviders für die Sicherheit, Updates und Uptime kompetent minimiert werden können. Die Sicherheit der Kundendaten stellt ein oft genanntes Problem dar, jedoch sollte aufgrund der notwendigen Lokalisierungen ohnehin ein auf den jeweiligen Ländermarkt ausgerichteter Provider gewählt werden, so dass gleiche Datenschutzrichtlinien greifen.

1.4.3 Zwischenfazit zur ERP-Bereitstellung als On Demand Dienstleistung

Bei der folgenden Abwägung wird so vorgegangen, dass zunächst die verbreiteten Thesen zu diesem Auslieferungsmodell genannt, anschließend kurz erläutert und für den speziellen Fall einer (Open-Source-) ERP-Software gewürdigt werden. Der Fokus liegt in diesem Abschnitt darauf, die Vorteilhaftigkeit oder Nachteilhaftigkeit des Leistungsbezuges auf oben vorgestellte Art im Kontrast zur klassischen OP-Bereitstellung herauszuarbeiten.

➢ Geringe Anfangsinvestitionen in Soft- und Hardware

Die Realisierung der Lösung erfolgt nicht im Haus, sondern bei einem spezialisierten Anbieter und der Kunde greift darauf über das Internet und einen herkömmlichen Webbrowser zu. Die gängige Preisgestaltung solcher Dienste ist dergestalt, dass eine mitarbeiter- und zeitabhängige Gebühr für die Nutzung zu entrichten ist. In manchen Fällen fällt zwar eine Setupgebühr an, doch bewegen sich die Gesamtkosten für den Start in der Regel unterhalb des Niveaus, das bei Eigenbeschaffung proprietärer Software und geeigneter Hardware erreicht werden würde. Auch bei Zugrundelegung eines OS-ERP-Systems, für welches keine Lizenzkosten anfallen, sind die Anfangsinvestitionen bei OD-Bereitstellung aufgrund des Entfallens der Hardwarebeschaffung günstiger.

➢ Schnellere Einführung

Da keine Notwendigkeit besteht, die Unternehmensrechner mit der Software auszustatten, funktioniert die Einführung schneller. Diese Sichtweise muss jedoch relativiert werden, wenn man annimmt, dass die Arbeiten im Vorfeld der Umsetzung der Einführung ähnlich umfangreich sind. Die Zeitersparnis, von der somit die Rede ist, ist so hoch wie die Installationsdauer multipliziert mit der Zahl der Arbeitsplätze. Dies kann bei der betrachteten Unternehmensgröße als marginal angesehen werden.

➢ Durch Standortunabhängigkeit Home-Office-Tauglichkeit

Bedingt durch die geringen Anforderungen auf Anwenderseite, die sich im Wesentlichen auf das Vorhandensein eines Endgerätes mit Internetzugang und Browser beschränken, ist es unerheblich von welchem Ort der Zugang erfolgt. Sofern die Arbeiten inhaltlich auch an einem anderen Ort als dem Büro erledigt werden können, spricht technisch bedingt nichts gegen einen Home-Office-Einsatz. In der Praxis könnte das so aussehen, dass der Kleinstunternehmer nach Arbeitsschluss zuhause im privaten Umfeld einen Auftrag erteilt bekommt und er diesen, ohne ins Büro zu müssen, sogleich ins System einspeisen und die Materialverfügbarkeit prüfen kann.

➢ Ressourcenersparnis durch Fremdwartung[14]

Sofern versiertes IT-Personal im Betrieb anderweitig ausgelastet oder nicht vorhanden ist und wegen der Einführung oder Wartung einer Software angeworben werden muss, sind diese

---

[14] Vgl. Böttger, M. (2012): Cloud Computing, S.22.

laufenden Aufwendungen dem Vorhaben zurechenbar und müssten bei den Projektkosten berücksichtigt werden. Diese Notwendigkeit wird durch OD vermieden und dieser Vorteil trifft ebenfalls zu, wenn dadurch ein OS-ERP-System bereitgestellt wird.

In der Summe obiger Faktoren ergeben sich gut kalkulierbare laufende Kosten ohne Peaks durch Soft-/Hardwareanschaffung oder Updates. Allerdings sind mit der Entscheidung für ein OD-Modell auch Einschränkungen verbunden, von denen folgend die für das Vorhaben der Implementierung einer betrieblichen Gesamtlösung relevanten Restriktionen vorgestellt werden.

> **Datenschutzkonflikte durch Speicherung sensibler Daten außerhalb des Unternehmens[15]**

Diese Problematik ist vor allem beim genannten Vorhaben gegeben, da sich damit z.b. sämtliche Kundendaten in der Obhut des gewählten Leistungsanbieters befinden. Allerdings muss zum Einen bedacht werden, ob sensible Daten bei einem professionellen Anbieter nicht doch sicherer verwahrt sind, als in der unternehmensinternen IT und das besonders im Falle der Kleinstunternehmen, welche kein großes IT-Know-How im Hause haben. Zum Anderen lässt sich dieses Problem durch die Wahl eines ähnlich strengen Datenschutzrichtlinien unterworfenen Anbieters minimieren.

> **Abhängigkeit von der Funktionsfähigkeit des Internetzuganges**

Dieser Punkt ist zwar relevant, jedoch ist die Internetversorgung mittlerweile relativ stabil und es kann davon ausgegangen werden, dass im Notfall eine schnelle Entstörung erfolgt. Daher wird in dieser potenziellen Gefahr eines temporären Ausfalls des Internetzuganges beim Kunden für das Betreiben eines ausgelagerten Informationssystems kein großes Problem gesehen. Vom Anbieter kann aufgrund der professionellen Rechenzentrums- Infrastruktur mit in der Regel redundanter Energie- und Internetversorgung eine schnelle Reaktion im Falle eines Ausfalles des Hostsystems erwartet werden.

> **Mangelnde Flexibilität durch Einschränkungen im Customizing**

Da der Serviceanbieter für die Sicherheit und Wartung der Systeme verantwortlich ist, besteht die Möglichkeit, dass nicht alle Aspekte im gemieteten ERP-System nach Wunsch angepasst

---

[15] Vgl. Böttger, M. (2012): Cloud Computing, S.22.

werden können. In Punkt 3 dieser Arbeit wird der Versuch unternommen, herauszufinden, ob für ein Kleinstunternehmen relevante Einschränkungen bei der Anpassung auftreten und wie restriktiv diese ggf. sind.

1.5 Anforderungen der Zielgruppe an ein integriertes Informationssystem

Die Anforderungen, die bei Betrachtung eines kleinen Unternehmens an ein ERP-System gestellt werden, sind in ihrer Struktur denen größerer Betriebe sehr ähnlich. Denn im Kern lautet die Nebenbedingung der gesamten betrieblichen Wertschöpfung, die Kosten hierfür minimal zu halten. Dies gilt für Unternehmen unabhängig von ihrer Größe, somit also für große Konzerne ebenso wie für die betrachtete Zielgruppe der Kleinstunternehmen. In der Auseinandersetzung "Das ERP-KMU-Dilemma und Anforderungen an Service-orientierte Architekturen zur Nutzung von Verbesserungspotentialen" von Brehm, Heyer, Gomez und Richter wurde diese These mit einem erweiterten KMU-Begriff bestätigt. Dies bedingt die begrenzten Kapazitäten wie z.B. Arbeitsstunden möglichst effizient zu allokieren. In der Praxis kann dies durch die Vermeidung von Doppelarbeiten, wie sie durch asynchrone Datenbanken entstehen können, und durch Automatisierung in Prozessen, wo immer diese mit lohnendem Aufwand etabliert werden können, erreicht werden. Konkret lassen sich folgende Anforderungen an ERP-Systeme festhalten:

> ➤ **Modularer Aufbau und deren Integration zur ganzheitlichen Abdeckung der betrieblichen Funktionalität**

Zur Vermeidung bzw. zur Ablösung mehrerer einzelner betrieblicher Anwendungsprogramme z.B. für Produktion, Logistik, Finanz- oder Personalwesen, welche jeweils als sogenannte Insellösungen einzeln gepflegt und gewartet werden müssen, sollte das ERP-System alle oder zumindest einige betriebswirtschaftliche Funktionalitäten abbilden können und so die Notwendigkeit, weitere Unternehmenssoftware einzusetzen, minimieren. Diese Funktionen sind im Einzelnen:

- ▪ Ein- und Verkaufsunterstützung

Im Einkauf muss die Lieferantenverwaltung durch ein Supplier-Relationship-Management (SRM) gewährleistet sein, so dass aus dieser Anwendung heraus benötigte Teile bei den jeweiligen hinterlegten Lieferanten per Onlineschnittstelle oder Fax- bzw. Postauftrag bestellt werden können ohne die dazu benötigten Lieferantenstammdaten stets aus dem Gedächtnis oder einer anderen Software abrufen zu müssen. Eine weitere Bestellverfolgung durch Liefer-schein- und Eingangsrechnungsprüfung sollte gewährleistet sein. Eine Verkaufsunterstützung sollte ferner vor, während und nach dem Geschäftsabschluss gegeben sein. Pre-Sales-Support findet primär durch integriertes Customer-Relationship-Management (CRM) statt, während der eigentliche Verkauf durch ein Angebots- und Rechnungswesen begleitet werden. After-Sales-Support findet Niederschlag im Kundendienst, der durch einen internen Fragenpool im Sinne einer Frequently Asked Questions – Datenbank (FAQ) und wiederum CRM ermöglicht werden kann.

▪ Lager- und Logistikunterstützung

Dies betrifft die Möglichkeit, den Warenein- und -ausgang im System abzubilden. Dadurch können Lagerbestände fortgeschrieben und z.b. Fehlbestände an Primär- und Sekundärmen-gen erkannt und in Folgeprozessen z.b. durch Beschaffungsanforderungen oder Fertigungs-aufträge behoben werden.

▪ Fertigungsmanagement

Bei produzierenden Betrieben in der Gruppe der betrachteten Unternehmen ist es außerdem wichtig ein Stücklistenmanagement innerhalb dieser Anwendung zu realisieren, da durch eine auf dem Primärbedarf basierende, systemgesteuerte Stücklistenauflösung Engpasssituationen frühzeitig erkannt und Produktionsstillstände verhindert werden können. Eine Terminierung und Kontrolle von Fertigungsaufträgen kann in Verbindung mit Arbeitsplänen außerdem eine gleichzeitige Kapazitätsauslastung unterstützen und sollte daher in einem integrierten Infor-mationssystem für Kleinstunternehmen enthalten sein.

▪ Finanzwesen und Controlling

Die Abwicklung finanzieller Transaktionen sowie die Sicherstellung der Rentabilität sind unabhängig von der Unternehmensgröße wichtig und müssen daher in einem ERP-System für Kleinstunternehmen enthalten sein.

▪ Personalwesen

Lohnabrechnungen beinhalten auch wegen der Abgabenstruktur eine hohe Komplexität und werden aktuell oftmals mit speziellen Lösungen bewältigt. Eine Integration dieser vollen Funktionalität angepasst auf den deutschen Markt ist zwar wünschenswert, allerdings stellt man bei spezieller Betrachtung dieses Faktors im Vorfeld der Einführung eines OD-ERP-Systems auf OS-Basis fest, dass dies meist nicht der Fall ist.

> **Lauffähigkeit auf verschiedenen Rechner- und Betriebssystem-Plattformen**

Plattformunabhängigkeit stellt einen Investitionsschutz für die vorhandene technische Infrastruktur dar. Es soll möglich sein, das ERP-System mit der bestehenden Ausstattung an Rechnern zu nutzen, ganz unabhängig von der Hard- und Softwareausstattung, also Rechnerarchitektur oder Betriebssystem. Sichergestellt werden kann dies durch webbasierte plattformunabhängige Standards. So werden von Seiten des Nutzers nur Webbrowser und Internetzugang vorausgesetzt, was kein Unternehmen vor ein Problem stellen sollte.

> **Skalierbarkeit**

Wachstum ist das Bestreben wirtschaftlicher Aktivität. Und natürlich darf auch die Unternehmenssoftware diesem Ziel nicht entgegenstehen, weshalb sie skalierbar sein muss, wenn sich das Unternehmen verändert. Hierbei kann der Fall betrachtet werden, dass sowohl einzelne Geschäftsbereiche als auch das Unternehmen in personeller Hinsicht wachsen oder schrumpfen können. Die daraus für die unten vorgenommene Praxisbetrachtung abgeleitete Forderung ist deshalb die Möglichkeit, das System durch mehrere Nutzer simultan bedienen zu lassen.

Im Rahmen dieser Arbeit wurden exemplarisch sieben Vertreter oben vorgestellter Zielgruppe der Kleinstunternehmen nach Ihren Anforderungen an eine ganzheitliche Softwarelösung befragt. Dabei wurden im Wesentlichen obige Punkte genannt sowie die nun folgenden.

> **Um die technische Bereitstellung und Wartung des Systems möchte ich mich nicht kümmern müssen.**

Dies drückt die Präferenz für ein On-Demand-Liefermodell eines integrierten Informationssystems aus. Denn aufgrund der in der Regel wegen der Unternehmensgröße wenig oder gar nicht vorhandenen IT-Fachkräfte würde die Abwesenheit einer solchen Anforderung die Einstellung einer selbigen oder die dauerhafte Inanspruchnahme eines externen Dienstleisters erfordern. Damit wären die dadurch entstehenden permanenten Kosten, da sie rein aus der Anschaffung eines ERP-Systems resultieren, dem Vorhaben in diesem Sinne zurechenbar und müssten bei einem Wirtschaftlichkeitsvergleich der Optionen „Inhouse-Bezug" mit „On Demand-Bezug" berücksichtigt werden.

Die Praktikabilität dieses Schrittes ist trotz der oben aufgeführten Nachteile der Methode gegeben, da nur in seltenen Fällen die betriebliche Standardsoftware bei Kleinstunternehmen ein derart bedeutender Erfolgsfaktor im Sinne eines Alleinstellungsmerkmals ist, dass dieser aus Geheimhaltungsgründen nicht ausgelagert werden sollte. Diese Wertung muss also dann überdacht werden, sofern sich das betrachtete Unternehmen über Prozessinnovationen ihrer Verwaltungsaufgaben definiert. Prinzipiell kann diesem Wunsch mit der Empfehlung eines OD-ERP-Systems entsprochen werden.

> **Die Anbindung eines Online-Shops muss leicht möglich sein**

Was für Handelsunternehmen unabdingbar ist, muss für große produzierende Unternehmen nicht zwingend gegeben sein: Der Betrieb eines Webshops zum direkten Vertrieb der Produkte. Es kann davon ausgegangen werden, dass Kleinstunternehmen, selbst wenn diese im produzierenden Sektor tätig sind, ihre Produkte oft auch direkt vertreiben, daher sollte die Möglichkeit bestehen, diesen kostengünstigen Vertriebsweg ebenfalls nutzen und direkt anbinden zu können.

> **Die Bedienung muss intuitiv sein**

Zur Messung der Softwareergonomie existieren zahlreiche Konzepte, die jedoch nicht unumstritten sind. So ist beispielsweise das reine Minimieren von notwendigen Klicks innerhalb eines Arbeitsganges, um zu einer inhaltlich sinnvoll folgenden Funktion zu gelangen, noch kein hinreichender Indikator für eine hohe Intuitivität oder Nutzerfreundlichkeit der Anwendung. Da verlässliche Beurteilungsmaßstäbe im Rahmen dieser Arbeit nicht gefunden werden konnten, wird hier auf eine Bewertung dieses Punktes verzichtet.

> **Support muss zu regulären Bürozeiten schnell erreichbar sein und helfen können**

Wenn geschäftliche Transaktionen nicht ordnungsgemäß durchgeführt werden können oder das gesamte System nicht verfügbar ist, liegt eine kritische Situation vor. Daher ist es bei kommerziell genutzter Software stets wichtig, eine gute Produktunterstützung zu erhalten. Bei einem OD ERP-System trifft dies wegen der Tragweite von Fehlern in besonderem Ausmaß zu.

1.6   Vorstellung von openERP als On Demand-Lösung

Zum heutigen Zeitpunkt existieren zahlreiche ERP-Lösungen, welche kleine und mittelständische Unternehmen adressieren[16]. Gemäß der Zielstellung der Arbeit wurde für exemplarische
Geschäftsvorfälle openERP gewählt, welches der Affero General Public License (AGPL),
einer zertifizierten OS-Lizenz unterliegt. Daraus folgt, dass keine Lizenzkosten anfallen, Er-
weiterungen der Software möglich sind und veränderte oder erweiterte Derivate unter den
gleichen Lizenzbedingungen weitergegeben werden müssen. Die Software ist im Cli-
ent/Server-Prinzip aufgebaut, wobei der Nutzer entweder per Webbrowser oder eine Desktop-
Applikation die Logik auf dem Server nutzt. Als Datenbankmanagementsystem kommt auf
Serverseite PostgreSQL zum Einsatz.

Zu openERP gibt es eine aktive deutsche Community, die sich in Foren austauscht
(http://www.openerp.com/forum/forum23.html) und Hilfestellungen gibt. Gegen Gebühr ist es
möglich, die Software als OD-Lösung u.a. direkt vom belgischen Hersteller zu beziehen. In
Kapitel 3 dieser Arbeit wird der oben ausgesprochenen Empfehlung gefolgt, einen auf den
inländischen Markt ausgerichteten Anbieter zu wählen und ein Praxistest von openERP als
OD – Lösung vorgenommen.

---

[16] Vgl. Detken, K.-O. (2012): ERP-Systeme in „ERP Management", S. 50.

2 ERP-Einführung in einem kleinen Unternehmen

Die Vorbereitungsdauer für die Einführung eines ERP-Systems fordert im Allgemeinen neben finanziellen und personellen Ressourcen zudem zeitliche Inanspruchnahmen speziell während der Planungsphase. In diesem mittelfristigen Zeitraum, der mindestens ein Quartal dauert, muss die neue Software an die speziellen unternehmerischen Bedürfnisse inklusive ihrer betrieblichen Funktionen angepasst werden.[17] Die hieraus resultierende Komplexität spiegelt sich nicht nur primär in den Anschaffungskosten wieder, sondern ferner in laufenden Servicegebühren mit Ausgaben für vertraglich festgelegte Wartungsintervalle oder eventuelle Reparaturen.

Um dauerhaft einen ökonomischen Mehrwert zu erlangen, ist es ebenfalls für kleine bzw. mittelständische Institutionen sinnvoll, ihre Geschäftsprozesse einer Optimierung zu unterziehen. Deshalb kann es vorteilhaft sein, häufig genutzte Funktionen, insbesondere jene mit hohem Erfolgsvermögen zur Steigerung der Wirtschaftlichkeit, in ein ERP-System zu implementieren.

2.1 Ein Phasenmodell der ERP-Einführung[18]

Als Richtschnur zur Einführung neuer Software in Unternehmen wird auf Modelle zurückgegriffen, die Anhaltspunkte geben, welche Aufgaben in welcher Reihenfolge erledigt werden sollten. Dies ist mit der Erfahrung aus fehlgeschlagenen Projekten begründet und insofern sinnvoll, als dass das einführende Unternehmen somit für mögliche Probleme bereits im Vorfeld sensibilisiert wird. Anhand der Aufgliederung des gesamten Prozesses in Phasen erfolgt eine Komplexitätsreduktion und es werden Handlungsempfehlungen innerhalb dieser Schritte vermittelt. Einführungsmethoden können unternehmensspezifisch sein wie z.B. diejenigen der Unternehmensberatung „Accenture" oder das Modell „ASAP" von SAP. Im Kontext der ERP-Einführung wird in der Literatur häufig unten vorgestelltes unternehmensunabhängiges Phasenmodell erwähnt. Dieses lässt sich in neun Teilschritte untergliedern, die in den folgenden Absätzen skizziert werden. In dem anschließenden Gliederungspunkt soll dessen Praxistauglichkeit für Kleinstunternehmen gewürdigt werden.

---

[17] Vgl. Gronau, N., Eggert, S.(2012): Praxiserprobte Auswahl von ERP-Systemen in „ERP Management", S.2.
[18] Vgl. ebd.

1. Zielfestlegung

Unter Beachtung der aktuellen Wirtschaftslage und Marktmacht der Mitbewerber müssen zunächst die betrieblich dispositiven und technischen Möglichkeiten zur Umsetzung eines ERP-Systems aufgezeigt werden. Weiterhin gehören dazu die Bestimmung des Zeitpunktes der Einführung und die Höhe der anfänglich aufzuwendenden Investitionssumme.

2. Kostenvergleich

Zur Stärkung der Marktanteile strategischer Geschäftseinheiten müssen aktuelle Informationen aus den entsprechenden Tätigkeitsfeldern samt den dazugehörigen funktionellen Aufgaben schnell und sicher verarbeitet werden können.

Eine vereinfachte Investitionsrechnung ist zur Entscheidungsfindung sehr hilfreich, bei welcher die fixen Kosten der Anschaffung den zukünftigen Grenzerträgen aus der baldigen ERP-System-Nutzung gegenübergestellt werden. Jedoch müssen die realistisch anvisierten Einnahmenüberschüsse abgezinst werden. Es empfiehlt sich gegenwärtig als ein geeignetes Verfahren die Kapitalwertmethode, bei der ein individueller Zinssatz, wie beispielsweise die Opportunitätskosten oder die kapitalmarktübliche Verzinsung, zu benutzen ist:

Abbildung 6: Berechnung nach der Kapitalwertmethode

$$KW = \sum_{t=0}^{n} \left[\frac{EZ_t}{(1+r)^t} - \frac{AZ_t}{(1+r)^t} \right]$$

KW	= Kapitalwert
n	= Anzahl der Perioden der Nutzungsdauer
EZ_t	= Einzahlungen in Periode t
AZ_t	= Auszahlungen in Periode t
r	= Kalkulationszinsfuß

Quelle: Klaus-Dieter Däumler, Jürgen Grabe:
„Grundlagen der Investitions- und Wirtschaftlichkeitsrechnung", 12. Auflage.

Der Kapitalwert KW entspricht den anfänglich zu tätigenden einmaligen Investitionskosten für den Erwerb des ERP-Systems und die Einzahlungen EZ_t sind den Grenzerträgen aus Geschäftserlösen bei ausdrücklicher Anwendung von ERP gleichzustellen. Als mathematisch betrachtet absolut vorteilhaft erweist sich dann der ERP-System-Kauf, wenn die anfänglichen Investitionskosten kleiner sind als die aus den bezüglichen ERP-Maßnahmen resultierenden aufsummierten Rückflüsse.

3. Analyse der Prozesse

Zur Implementierung einer neuen betrieblichen ERP-Informationsanbindung wird im dritten Schritt ein Soll-Ist-Vergleich durchgeführt. Dabei gilt es, Prozesse mit dem höchsten Bedarf zur Optimierung hinsichtlich ihrer Organisation und/oder Technik zu selektieren. Die Bewertung kann an zwei bestimmten quantitativ messbaren Merkmalen der jeweils einbezogenen Prozesse vollzogen werden. Einerseits wird die Anzahl der durchgeführten Transaktionen in einem vordefinierten Zeitraum ermittelt und andererseits werden die voraussichtlich zu erwartenden Rentabilitätswerte der Prozesse verglichen.

Anhand der Merkmalsausprägungen werden anschließend die bewerteten Prozesse in ein Vier-Quadranten-Schema übertragen. Ein mit großer Transaktionenanzahl pro Zeiteinheit und beträchtlicher Rentabilität bewerteter Prozess Ⓐ ist im I. Quadranten anzusiedeln. Dieser erweist somit einen beträchtlich positiven Einfluss auf die Entscheidung zur Einführung einer betriebswirtschaftlichen ERP-Gesamtlösung. Etwas weniger, aber dennoch bedeutend positiv beeinflussend zur Beurteilung der Einführung, ist ein Prozess Ⓑ mit ebenfalls außergewöhnlich hoher Rentabilität aber mit eher weniger getätigten Transaktionen, welchen man im IV. Quadranten eingliedert. Die Entscheidung, ob nun weiterhin ein betriebliches Informationssystem angeschafft werden soll, kann aber auch einem Prozess Ⓒ mit geringen Ertragswerten, aber dafür mit sehr oft ausgeübten Transaktionen, untergeordnet werden. Im II. Quadrant angelegt, hat er nur wenig Vermögen zur Leistungssteigerung bei Einführung einer Standardsoftware. Tendenziell kann vom ERP-System-Erwerb abgeraten werden, wenn alle Prozesse kaum getätigt werden und dazu über sehr niedrige Ertragsaussichten verfügen. Sie sind im III. Quadranten beispielhaft mit Prozess Ⓓ markiert.

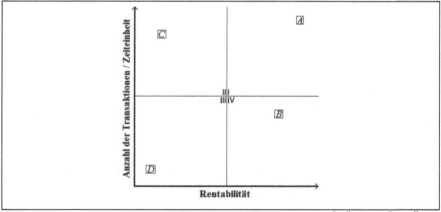

Quelle: eigene Darstellung.

Unter weiterer Hinzunahme qualitativer Prozesseigenschaften lässt sich anhand solcher Prozessuntersuchungen feststellen, inwiefern ökonomische Mehrwerte für das Unternehmen generierbar wären. Eine bindende Entscheidung über die angestrebte Anwendung eines ERP-Systems kann folglich abgeleitet werden.

4. Erfordernisse an die Systeme

Im vierten Schritt gilt es, funktionsbedingte Nutzensteigerungen durch ein ERP-System für das Unternehmen herauszufinden und welche zusätzlichen betrieblichen Funktionen durch gewünschte neue Möglichkeiten angepasst werden sollen. Bei diesem sogenannten „Customizing" spielt der qualitative Umfang der zu wählenden funktionalen Optionen eine größere Rolle als deren zahlenmäßige Versionen. Zur Eingrenzung der funktionalen Ansprüche des Unternehmens an ein ERP-System ist ein Erfassungsbogen ratsam, der entweder die Notwendigkeit oder Ablehnung der spezifizierten Funktionen beinhaltet und zusätzlich ihre zeitnahen praktischen Umsetzbarkeiten formuliert. Falsche Auslegungen seitens der ERP-Customizing- oder Serviceprovider können so vermieden werden. Zusammengefasst ist auf folgende so genannte Ambitionen bei der Einführung zu achten:

➢ Funktionalität

➢ Technik

➢ Ergonomie und

➢ Adaption

Diese Definition der notwendigen Spezialwünsche trifft in vollem Umfang auch für Kleinstunternehmen zu, die sich anhand des erstellten Anforderungsbogens bei den On Demand-Anbietern über die Realisierbarkeit informieren müssen.

5. Transparenz der Anbieter

In der Mitte dieses Phasenmodells der ERP-Einführung ist eine Darlegung über den Anbietermarkt auszuarbeiten. Bei dieser Prüfung werden die an Unternehmensbestreben anzupassenden Transaktionen, verrichtungsorientierten und objektbezogenen Dienstleistungsvarianten der ERP-System-Anbieter gegenübergestellt. Um die passende Suche nach einer richtigen Performanz[19] zu erleichtern, können überdies Vergleiche anhand von branchennahen Erfahrungsberichten, Publikationen von Fachautoren oder Informationsbroschüren der Anbieter

---

[19] hier i.S. eines Zusammenhanges zwischen Ertrag und Risiko aus dem ERP-Systemeinsatz.

vollzogen werden. Weitere Auskünfte gibt es im Web, bei Ausstellungen und auf Fachtagungen mit Referaten.

6. Screening

Zur Selektion der im vorherigen Schritt ausgewählten Anbieter wird eine analytische Testmethode angewandt. Sie wird benutzt, um innerhalb des festgelegten Transaktionsrahmens gewisse Kriterien der ERP-Systeme zu verdeutlichen und deren Merkmalsausprägungen zu überprüfen. Im internen Fragenkatalog an die potentiellen Anbieter ist eine zusammengefasste Charakteristik der betrieblichen Konstellation mit den relevanten Prozessabläufen zu verfassen. Nicht zu vergessen ist die Erwähnung des zu erreichenden institutionellen Begehrens mit der Initiierung des neuen ERP-Systems. Vordergründig dürften das bei Kleinstunternehmen Bemühungen der Kostenersparnis durch Effizienzsteigerungen sein. Damit qualitativ verwertbare Aussagen aus dem Ermittlungsbogen hervorgehen können, kommt es primär auf die Minimierung von quantifizierbaren Erhebungsdaten an. Insgesamt muss bedingungslos Priorität auf die analysierten Prozesse A gelegt werden, da diese bei den Prozessuntersuchungen (siehe Schritt 3) bei zahlreichen Benutzungen als rentabilitätssteigernd bei ERP-Initialisierung bewertet wurden. Partiell kommen die B-Prozesse mit hohen Wertsteigerungschancen in niedrigeren Anwendungsintervallen hinzu. Eingeschränkte Wahloptionen bilden die funktionalen, technischen sowie ergonomischen und adaptiven Eigenschaften der Fälle, welche in der Abbildung 6 als C markiert sind, da ihre Transaktionen relativ häufig bedient werden. Falls zeitliche Restriktionen vorgegeben sind, dürfen nur A-Prozesse in die neue ERP-Gliederung implementiert werden. Zudem sollte die Befragung nicht länger als einen Monat in Anspruch nehmen. Abschließend müssen bei der kontrastiven Gegenüberstellung der erhobenen Fragen Annäherungen oder vergleichbare Aussagen seitens der Anbieter über ihre spezifischen angebotenen Produktpaletten und unternehmensbezogenen Lösungsvorschläge für geforderte Aspekte eines ERP-Systems gefunden werden. Obendrein sind Ansprechpartner mit ihren Kommunikationsdaten für Probleme zu benennen und Behebungszeiträume für unvollständige Gliederungsparameter oder Mängel abzuschätzen. Infolgedessen lassen sich laut dem Modell so maximal ein halbes Dutzend möglicher Auftragnehmer zur Installation des ERP-Verbundgefildes herausfiltern.

7. Angebotserstellung

Die Gegenüberstellung und übereinstimmenden Aussprachen zu prozessrelevanten Funktionen und betriebsinternen Kennzahlen zur Steuerung erfolgen mit den verbliebenen potentiellen Anbietern im siebten Ablauf. Das Bestreben dieser Gesprächsrunden verringert die Gefahr standardisierter Versionsofferten und erhöht somit die Aufklärung von Übereinstimmungen in den ausgeschriebenen Softwareprogrammen. Ihre individuellen Gestaltungsweisen müssen die betrieblichen Kernelemente des Personalwesens, der Logistik, der Produktion, Forschung / Entwicklung, Konstruktion, Projektkoordination sowie der Prozesssteuerung und der Datenverwaltung wiedergeben.

8. Finale Chancen

Im Anschluss der Vergleiche kommt es zur bedeutsamen Angebotsanfertigung mit den fundamentalen Faktoren über Gebühren für den Beratungsaufwand, das Setup und die Pflege des Systems. Solche richtungsweisenden Veranstaltungen können als Pitch-Treffen durchgeführt werden, bei denen die konkretisierten Entwürfe präsentiert und inhaltliche Schwerpunkte von IT-Fachexperten erläutert werden.

In einer additiven Nutzwert-Analyse werden die nachfolgenden konstanten Einflussgrößen eingeschätzt und die Gesamtsumme gebildet:

➤ Wissenschaftliche Technik,

➤ Passgenauigkeit und Anwenderfreundlichkeit,

➤ Performanz,

➤ Verrichtungsorientierte Gestaltbarkeit,

➤ Aufbau und Klarheit der Präsentationsinhalte.

Bei der Gesamtbewertung finden zusätzlich noch die fixen und variablen Kosten der ERP-Systemeinführung Beachtung. Im Ausklang werden daher die Anbieter mit den Gesamtausgaben für die spezifischen Leistungsmerkmale ihrer Produkte konfrontiert. Folglich wird über einen zukünftigen Gebrauch dieser Parameter eine Sicherstellung von effizienten und fehlerfreien Arbeitsweisen gewährleistet.

9. Endgültige Festlegung

Letztendlich trifft die Festlegung zur Anbahnung des ERP-Projektes denjenigen Provider, dessen Bewertung anhand der im vorherigen Schritt getätigten Nutzwert-Analyse am besten abgeschnitten hat. Die wohlüberlegte Wahl für einen System-Anbieter kann aber nur getroffen werden, wenn ökonomische Wertzuwächse aus der ERP-Nutzung resultieren. Inhaltlich betrachtet betrifft dies vorrangig positive Rückflüsse aus der Optimierung der gesamten Wertschöpfungskette des betreffenden Unternehmens. Analogien zum Kostenvergleich sind hier hinzuzuziehen, da eine ROI-Analyse ebenfalls ein gutes Maß zur Berechnung der Verzinsung des eingebrachten Kapitals darstellt. Kalkulatorisch muss ein positiver Gewinn entstehen.

2.2 Allgemeine Würdigung des Aufwandes der Einführung eines ERP-Systems in einem Kleinstunternehmen

Es ist ersichtlich, dass das vorgestellte Vorgehensmodell größere als die im Fokus dieser Arbeit stehenden Unternehmen adressiert. Allgemein werden hohe Personalressourcen benötigt und exakte ex-ante Kosten- und Nutzenbestimmungen notwendig. Ferner wird von einer Marktstruktur mit vielen Anbietern ausgegangen, was zum heutigen Stand im Segment der OD ERP-Systeme für Kleinstunternehmen nicht gegeben ist. Desweiteren ist eine abweichende Annahme, dass das Consulting und die Bereitstellung im OD-Fall von einem Partner erfolgt, also die Rollen oftmals nicht getrennt sind. Bedingt sein kann dies durch Einschränkungen, die vom Provider aus Wartungs- und Sicherheitsgründen gesetzt werden.

Während der erste Schritt mit vertretbarem Aufwand realisierbar und absolut notwendig ist, stellt sich in der Praxis für die betrachteten Unternehmen allerdings die Problematik, dass nur der Teil der Anschaffungskosten exakt bestimmt werden kann, der für die ERP-Lizenz anfällt. Im Falle der Verwendung einer Open-Source Lösung wäre dieser Kostenteil 0. Consulting- und Anpassungskosten können zwar durch Angebotsvergleich bestimmt werden, aber die Ermittlung der Grenzerträge im Sinne der Kostenersparnisse durch Einsatz des ERP-Systems dürfte vor allem bei Kleinunternehmen - mit in der Regel wenig ausgeprägten Controllingeinrichtungen - im Vorfeld nur schwer möglich sein.

Die Prozessanalyse lässt sich in der Form übernehmen, dass die Häufigkeit der Transaktionen festzustellen ist, aber die Rentabilitätskennzahlen lassen sich in der Praxis selbst bei Begleitung durch professionelle Dienstleister schwer bestimmen. Sinnvoll für Kleinstunternehmen ist daraus mitzunehmen, welche Transaktionen wie oft stattfinden und wo ggf. durch ERP eine Vereinfachung erfolgen kann. Bezüglich des Screenings muss ein kleines Unternehmen außerdem berücksichtigen, dass nach dem Vertragsabschluss eine große Abhängigkeit von dem Systemanbieter vorliegt. Im Falle einer Schlechtleistung wie Datenverlust oder einer Abschaltung der Server aufgrund von Insolvenz wird dies unmittelbar negative Konsequenzen auf den eigenen Geschäftsbetrieb haben. Daher sollten die Reputation und sofern möglich die Geschäftsberichte geprüft werden.

Die in den Phasen sieben und acht vorgeschlagenen Gesprächsrunden sind prinzipiell wünschenswert, allerdings sind damit hohe Kosten und organisatorischer Aufwand verbunden, so dass wohl der achte Schritt, auch unter dem Aspekt der fraglichen Bereitschaft der OD-Anbieter hierfür, herausfallen würde.

Durch die Einschränkungen „On Demand" und „Kleinstunternehmen" wird der Nutzen dieses Phasenmodells reduziert. Allerdings existiert derzeit kein exaktes Modell für dieses Vorhaben bei der angenommenen Zielgruppe. Das kann zwei Ursachen haben: Zum Einen kann dies durch die Neuartigkeit des Providingmodells sowie die folglich geringe Verbreitung von OD ERP- Systemen bedingt sein, was zu einer noch nicht hinreichenden wissenschaftlichen Beschäftigung mit diesem Thema geführt haben kann, und zum Anderen ist denkbar, dass in der Wissenschaft eine Unwirtschaftlichkeit dieses Vorhabens bei der angenommenen Zielgruppe antizipiert wurde.

Die allgemeinen Vorteile eines Vorgehensmodells bleiben unberührt. Denn es wird ein klarer Kontrast gesetzt zur Euphorie der Einführung eines Informationssystems durch die Darstellung der Schwierigkeiten der einzelnen Punkte, so dass trotz aller Kritik ein Überblick über möglicherweise zunächst unterschätzte Schwierigkeiten bei der Systemeinführung gegeben wird.

Auf Basis dieses Modells sowie der erachteten Modifikationen bezüglich der Zielgruppe scheint der Einführungsaufwand für ein ERP-System auf OD-Basis für Kleinstunternehmen prohibitiv hoch.

3   Praxistest der Software „openERP" On Demand

Bisher wurden in den vorliegenden Ausführungen nur theoretische Modelle zur Ermittlung der Vor- und Nachteile des Einsatzes von Open-Source On Demand ERP-Systemen bei Kleinstunternehmen verwendet. In diesem Kapitel wird für einen Praxistest der rein funktionellen Einsetzbarkeit angenommen, dass die Entscheidung gefallen ist, ein ERP-System einzuführen, welches On Demand bezogen werden soll und einer Open-Source-Lizenz unterliegt. Durchgespielt werden die Vorgänge auf einer virtuellen Maschine, die in den Features und den Einschränkungen identisch ist mit dem openERP On Demand-Produkt „openERP Cloud Server" der big-consulting GmbH. Das Produkt kann aktuell bei einer Mindestlaufzeit von 12 Monaten zu 499 € netto für bis zu 9 Mitarbeiter bezogen werden, wobei Installation und Wartung sowohl des Servers als auch der openERP-Software vom Anbieter übernommen werden. Das getestete Produkt hat die aktuelle Versionsnummer 6.1 und entspricht aufgrund der Bereitstellungsart den in Gliederungspunkt 1.4.2 genannten Eigenschaften des Typs 2 eines On Demand Systems.

3.1   Standardgeschäftsvorfälle im Vergleich

Der Unternehmer Max Müller betreibt eine kleine Schreinerei und einen Handel mit Kleinmobiliar. In dem Betrieb „ThürWerk Inh. Max Müller" sind er und seine Frau, welche die Bürotätigkeiten erledigt, tätig. Hierfür nutzt Sie die Office-Suite von Microsoft sowie eine Speziallösung für die Buchhaltung und Lohnabrechnungen. Herr Müller beschäftigt außerdem im Lager einen Angestellten, Herrn Hans Meister, der für die Warenein- und ausgänge zuständig ist.

Angebotsanfrage:

Der neue Interessent Mario Huber erbittet ein Angebot über zwei Exemplare des „Designtisch Herbert 2012" zur Abholung. Klassischerweise stellt sich der Vorgang wie folgt dar:

Frau Müller editiert Ihre Angebotsvorlage in einem Textverarbeitungsprogramm, indem sie die Kundendaten eingibt und aus der Katalogtabelle das entsprechende Produkt mit Preisen in das Angebot einfügt. Anschließend aktualisiert Sie die Angebotsnummer und fragt beim Lageristen die Verfügbarkeit an. Dann erfolgen die Konvertierung des Angebotes in das pdf-Format und der Versand per E-Mail oder Post.

Bei Einsatz des integrierten Informationssystems legt Frau Müller bei diesem Vorgang im Vertriebsmodul eine neue „Verkaufschance" an. In diesem Zuge werden zunächst die Kontaktdaten des Interessenten einmalig angelegt und dabei auch erstmalig festgesetzt, auf welchen Wegen mit dem Kunden kommuniziert werden darf. Auch statistische Angaben wie Vertriebsweg und Umsatzerwartungswert können optional eingegeben werden.

Die Angebotspositionen können dabei per Dropdown-Menü aus der Datenbank gewählt werden oder unter „Erstellen" einmalig eingegeben werden. Mit Klick auf „Weiter" wird das Angebot erstellt und versendet. Um die Verfügbarkeit der Produkte zu prüfen, ist keine Kontaktaufnahme mit dem Lageristen erforderlich, bei Fehlmengen erfolgt ein automatischer Hinweis.

Abbildung 7: OpenERP: Angebot angelegt

Exemplarisch findet sich das generierte Angebot im Anhang. Auf der Übersichtsseite von Frau Müller erscheinen das unterbreitete Angebot und dessen Status:

Abbildung 8: OpenERP: Angebot SO18 wurde erstellt

Auftragserteilung und Warenausgang mit Rechnungserstellung:

Herr Huber meldet sich telefonisch bei ThürWerk und nimmt das Angebot an. Bei Annahme der herkömmlichen Abwicklung gibt Frau Müller das erstellte Angebot nun weiter an den Lageristen mit der Bitte, den Versand der Lagerware vorzunehmen und anschließend Vollzug zu melden, damit Frau Müller die Rechnung für die versandten Artikel erstellen kann. Der

Warenausgang findet statt und sie erhält Mitteilung hierüber, so dass Sie die Daten des Kunden sowie der Lieferung nun in die Rechnungssoftware eingibt bzw. einkopiert.

Bei Darstellung in openERP ruft Frau Müller auf Ihrer Übersichtsseite das erstellte Angebot auf und wandelt es mit Klick auf „Bestätige Auftrag" um. Im Logistikmodul erscheint der Auftrag nun unter „offene Warenausgänge" und Herr Meister kann die Kommissionierung und den Versand vornehmen. Anschließend validiert er die Anzahl der verschickten Produkte im System und der Auftragsstatus sowie die Bestände werden fortgeschrieben (s. Abb. 9). Die Benachrichtigung Frau Müllers entfällt somit, da ihr dies zum Einen wiederum auf der Übersichtsseite ihres Vertriebsmoduls analog zu Abb. 8 ersichtlich ist und da es zum Anderen je nach Rechtezuweisung ferner möglich ist, die Rechnung oder einen Rechnungsentwurf direkt aus dem Logistikmodul heraus generieren zu lassen.

Zahlungseingang:

Es wird angenommen, dass dieser Vorgang sich in beiden Varianten vom Aufwand nicht stark unterscheidet. In OpenERP wählt man im Finanzmodul „Zahlungseingang buchen" und gibt den Kunden, das Journal zur Zahlungsmethode und den Betrag an. Dann werden anhand der Offenen Posten die Rechnungen vorgeschlagen und ein Ausgleich kann erfolgen.

Abbildung 9: OpenERP: Auslieferung validieren

Bei den bisher dargestellten Prozessen sind die Vorteile aus dem integrierten Datenbestand anhand der schnelleren Abläufe deutlich sichtbar. Die relative Vorteilhaftigkeit des ERP-Systems in diesem Fall hängt jedoch stark von dem bisherigen Vorgehen ab. So existieren auf dem Markt Lösungen, welche die Angebots- und Rechnungserstellung als teilintegrierte Lösung unterstützen und aufgrund des Entfallens der Kopier- oder Eingabevorgänge zu oftmals geringen einmaligen oder jährlichen Lizenzkosten eine ähnlich komfortable Abwicklung der Vorgänge wie openERP ermöglichen.

Deshalb wird nun noch die Interaktion zwischen Vertriebs- und Produktionssphäre betrachtet, da hier Vorteile aus abteilungsübergreifender Integration vermutet werden können.

Eigenfertigung des Designtisches „Herbert 2012":

Aufgrund steigender Nachfrage nach dem Produkt entschließt sich der Schreinermeister Max Müller dazu, dieses Produkt fortan selbst zu fertigen. Der Tisch besteht aus einer Platte sowie drei Füßen, die günstig über einen Lieferanten bezogen werden können und für den folgenden Demonstrationsfall ausreichend auf Lager sind.

Auf die Darstellung eines Referenzfalles ohne ERP-System wird bei diesem Vorgang wegen der Vielzahl möglicher Abwicklungsarten mit unterschiedlichen Programmen verzichtet. Tendenziell dürfte ein solcher Geschäftsvorfall allerdings aufgrund des noch weiteren Überschreitens von Abteilungsgrenzen - und damit auch oftmals der speziellen Anwendungsbereiche betriebswirtschaftlicher Software für Kleinunternehmen - aufwändiger sein

In openERP legt Herr Müller zunächst im Lager- oder Fertigungsmodul die benötigten Teile „Platte Designtisch Herbert 2012" und „Fuss Designtisch Herbert 2012" an. In den Produkteigenschaften wählt er jeweils „Lagerprodukt", da OpenERP bei Verbrauchsgütern keinen Lagerbestand hält. Anschließend erstellt er eine Stückliste im Fertigungsmodul für das Produkt „Designtisch Herbert 2012" und fügt diese in den Produktstammdaten des Endproduktes ein. Außerdem ändert er die Bezugsquelle auf „Produktion" und wählt als Dispositionsverfahren „Fertigung von Auftrag".

Abbildung 10: OpenERP: Angelegte Stücklistenstruktur Eigenfertigung

Bezeichnung	Referenz	Produkt	Anzahl	Produkt ME	Stücklisten Typ
▽ Designtisch Herbert 2012		Designtisch Herbert 2012	1,000 Stück		Normale Stückliste
Platte Designtisch 'Herbert'		Platte Designtisch 'Herbert'	1,000 Stück		Normale Stückliste
Fuss Designtisch Herbert		Fuss Designtisch Herbert	3,000 Stück		Normale Stückliste

Frau Müller erhält nun einen weiteren Auftrag und gibt diesen wie gewohnt in das System ein. Standardmäßig führt OpenERP jede Nacht einen Dispositionslauf durch, dieser kann jedoch auch manuell im Lagermodul erzwungen werden.

Da das Produkt eigengefertigt wird, erscheint der Produktionsauftrag nun im Fertigungsmodul und es werden die benötigten Materialien mit ihren Lagerorten und in der benötigten Zahl angezeigt. In diesem Falle ist der Fertigungsauftrag im Status „Startbereit", da die Vorproduk-te auf Lager sind. Wäre dies nicht der Fall, würde der Status „Warte auf Material" lauten. Mit einem Klick auf „Starte Fertigungsauftrag" kann der Produktionsstart im System abgebildet und anschließend mit „Produziere" quittiert werden. Der weitere Ablauf wie Warenausgang und Fakturierung läuft analog zu bereits oben vorgestelltem Szenario ab. Die Integration um-fasste hier somit zusätzlich den Produktionsbereich und ermöglichte ohne großen Aufwand auch die nahtlose Abbildung der Eigenfertigung.

Abbildung 11:OpenERP: Fertigungsauftrag automatisch angelegt

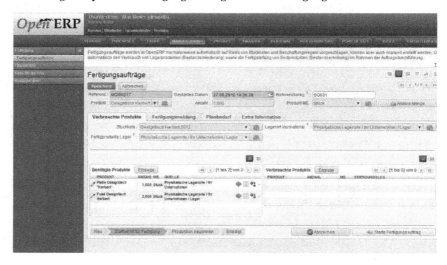

Die vorgestellten Geschäftsvorfälle sind exemplarisch und bilden bei weitem nicht das gesam-te Funktionenspektrum der Software ab. Allerdings sind die allgemeinen Eigenschaften des integrierten Konzeptes ersichtlich geworden.

3.2   Fazit des Praxistests

In diesem Praxistest haben sich die in den vorhergehenden Gliederungspunkten theoretisch ermittelten Vor- und Nachteile zum Teil bestätigt. Es ist im Vergleich zur Vorlagenarbeit eine gewisse Beschleunigung mit openERP möglich, allerdings können diese exemplarisch ausge-führten Geschäftsvorfälle auch auf andere Arten ablaufen, so dass beispielsweise die Verfüg-barkeitsprüfung erst oder zusätzlich bei der Auftragserteilung stattfindet oder es kann eine relativ günstige Bürosoftware zum Einsatz kommen, die Adressübernahmen und Umwand-lungen ermöglicht und somit die festgestellten relativen Zeit- und Aufwandsersparnisse durch die eingesetzte integrierte Lösung weiter verkleinert. Ein deutlich gewordener Vorteil des ERP-Systems ist die Sicherstellung der Integrität der Prozesse. Da im System die Verknüpfungen der Abläufe untereinander hinterlegt sind, werden so gezielt Bedienfehler verhindert. Als Beispiel sei die Situation angenommen, dass ein Fertigungsauftrag erzeugt wurde, durch welchen auch eine Materialbeschaffung ausgelöst wurde. Möchte man den Fertigungsauftrag nun stornieren, erscheint die Fehlermeldung, dass zunächst der Lieferschein dieses Produktionsauftrages storniert werden müsse. Trotz der großen deutschen Community von openERP scheint es derzeit noch keine praktikable Lösung zur vollen Integration der Lohnabrechnungen zu geben. Hier behilft man sich aktuell mit Workarounds, die üblicherweise einem Kleinstunternehmen nicht zugemutet werden sollten. Hier ist also bisher der Einsatz einer weiteren Softwarelösung notwendig.

Folglich ist im konkreten Fall ein Einsatz der integrierten Gesamtlösung nur lohnenswert, wenn die Vorteilhaftigkeit des Einsatzes von openERP gegenüber der bisherigen Abwicklungsmethodik monatlich 499 € netto übersteigt.

4   Schlussbetrachtung

Integrierte Informationssysteme sind traditionell an den Bedürfnissen größerer Unternehmen ausgerichtet. Dies ist zum Einen wie oben ausgeführt historisch in der Entwicklung begründet und zum Anderen in den erheblichen früher oder später zahlungswirksamen Aufwendungen, die mit der Entscheidung für ein solches System verbunden sind.

Die in den letzten Jahren zu beobachtende Verbreitung der „IT aus der Steckdose" macht es jedoch notwendig zu prüfen, ob nicht eine Synthese der Vorteile aus dem Einsatz eines auf Open-Source basierenden integrierten Systems mit denen der neueren Bezugsart On Demand möglich ist und so bestehende Nachteile von ERP-Systemen aufgehoben werden können. Es gilt also zu prüfen, ob der Gesamtaufwand so stark reduziert werden kann, dass sich letztlich auch für ein Kleinstunternehmen die Einführung einer solchen betriebswirtschaftlichen Standardsoftware lohnen kann.

In vorliegender Arbeit wurde gezeigt, dass bei einem theoretischen Vergleich der Anforderungen eines Kleinstunternehmens an diese Software mit den Eigenschaften einer solchen auf On-Demand-Basis eine hohe Übereinstimmung vorliegt. Betrachtet wurde dabei exemplarisch die Open-Source-Lösung openERP.

In den dem Praxistest vorangehenden Überlegungen zeigte sich die Komplexität der Vorbereitungs- und Planungsphase, die dem einführenden Kleinstunternehmen zugemutet wird und der Umfang der notwendigen Anpassungen. Hinzu kam die Problematik, die durch das Dienstleistungsmodell begründet ist. So muss z.B. auf jeden Fall erst Rücksprache mit dem ausgewählten Dienstleister gehalten werden, ob eine Modifikation bzw. ein Customizing in der gewünschten Form überhaupt möglich ist.

Angesichts dessen erscheinen die erreichbaren Rationalisierungseffekte im Verhältnis zu dem Projektaufwand als gering, was auch durch die Erfahrungen des als openERP On-Demand-Provider gewählten Unternehmens „Openbig" bestätigt wird. Die auf der Unternehmenswebsite gelisteten Referenzen aus den Bereichen Handel und Dienstleistung nutzen das betrachtete Informationssystem nicht im vollen Umfang, sondern stets nur einzelne Module. Mit Sicherheit ist dies Auswirkung des festgestellten zwingend notwendigen Tradeoffs zwischen vollständiger Integration und Budget.

Es wurde dargelegt, dass die Kostendeterminanten bei der Einführung eines ERP-Systems die Opportunitätskosten in Gestalt der Suchkosten sind, im Falle einer proprietären Lösung die der Softwarelizenz an sich, sowie die Kosten für Consulting und Customizing der Software. Hinzu kommen laufende Belastungen für die Pflege der Hard- und Software sowie die Schulung der Mitarbeiter im Umgang mit dem System.

Zumindest bei alleiniger Betrachtung der Faktoren Lizenz- und Wartungskosten lassen sich durch Verwendung einer Open-Source-Lösung und die Wahl des Bereitstellungsprinzips On Demand relative Kostenersparnisse erzielen. Allerdings wurde festgestellt, dass die Schwierigkeiten der allgemeinen Auswahl, der Einführung und des Betriebes eines ERP-Systems durch das Bereitstellungsmodell On Demand nur zum Teil ausgeglichen werden können und es zusätzlich durch diese Form des Bezuges zu sehr großem Aufwand bei der Auswahl des passenden Providers und der notwendigen Anpassung kommt.

Deshalb bedarf es vorher im Einzelfall einer konkreten ergebnisoffenen und sorgfältigen Prüfung, inwieweit die durch das integrierte Informationssystem erreichbaren Rationalisierungseffekte bei einem Kleinstunternehmen diese Aufwendungen überhaupt rechtfertigen und ein solches Projekt finanziell und personell tragbar ist.

Literaturverzeichnis

Brehm, N., Heyer, N., Marx Gómez, J., & Richter, B. (2008). *Das ERP-KMU-Dilemma und Anforderungen an Service-orientierte Architekturen zur Nutzung von Verbesserungspotentialen. Multikonferenz Wirtschaftsinformatik*, München/Garching.

Böttger, M. (2012). *Cloud Computing richtig gemacht: Ein Vorgehensmodell zur Auswahl von SaaS-Anwendungen.* Hamburg: Diplomica.

Detken, K.-O. (2012). Einführung von Open-Source-basierten ERP-Systemen. *ERP Management 8*, S. 50-53.

Eggert, S., & Gronau, N. (2009). Modellbasierte Auswahl von ERP-Systemen. *Controlling & Management Sonderheft 3*, S. 24-30.

Fandel, G., & Gubitz, K.-M. (2008). *ERP-Systeme für Industrie- Handels und Dienstleistungsunternehmen.* Hagen: AIP Institut.

Grobman, J. (2009). *ERP-Systeme On Demand.* Hamburg: Diplomica.

Gronau, N. (2004). *Enterprise Resource Planning und Supply Chain Management.* München: Oldenbourg.

Hess, T., Benlian, A., Wolf, C., & Buxmann, P. (2009). ERP-as-a-Service: Zukunft oder Sackgasse? *Controlling & Management Sonderheft 3*, S. 14-17.

Hesseler, M., & Görtz, M. (2007). *Basiswissen ERP-Systeme.* Herdecke: W3L GmbH.

Internetquellen

IfM Bonn: Statistik, http://www.ifm-bonn.org/index.php?id=580, Abruf: 28.09.2012.

Fraunhofer IESE: Cloud Computing 2011, http://www.iese.fraunhofer.de/content/dam/iese/de/dokumente/oeffentliche_studien/iese-035_11.pdf, Abruf: 28.09.2012.

Bundesministerium für Sicherheit in der Informationstechnik: Cloud Computing, https://www.bsi.bund.de/DE/Themen/CloudComputing/Grundlagen/Grundlagen_node.html, Abruf: 28.09.2012.

Lixenfeld: SaaS: Lösungen aus der Leitung, http://www.computerwoche.de/mittelstand/1854899/index5.html, Abruf: 28.09.2012.

Tebo: SaaS vs. On Demand and the 80-20 Rule , http://blog.proofpoint.com/2007/03/saas-vs-on-dema.html, Abruf: 28.09.2012.

Anhang

Der Anhang enthält:

- Umfragebogen

- Auswertung der Umfrage

- Exemplarisches Dokument aus Gliederungspunkt 3

A. Allgemeine Angaben zu Ihrem Unternehmen

1. Bitte beschreiben Sie kurz die Tätigkeitsfelder Ihres Unternehmens.

2. Wie viele Mitarbeiter beschäftigen Sie und wie viele Personen arbeiten bei Ihnen unmittelbar mit einem Computer? (jeweils inkl. Ihnen selbst)

B. Wichtigkeit von Produkteigenschaften

Nehmen Sie an, Sie stehen mit Ihrem Betrieb vor der Einführung einer umfassenden Software, die mehrere Einzelprogramme vereinen kann und dadurch Rationalisierungseffekte wie die Vermeidung von Mehrfacheingaben und Zeitersparnisse verspricht.

Bitte beurteilen Sie die nachfolgenden Aspekte ausgehend von der Annahme, dass Sie die Software unbedingt einführen wollen. Welche Wichtigkeit messen Sie den nachfolgenden Funktionen der einzuführenden Software zu?

1. Die automatische Angebotserstellung aus Vorlagen.

1 - unwichtig	2 – eher unwichtig	3 – eher wichtig	4 – wichtig

2. Die Rechnungserstellung und Automatisierung der Generierung und des Versandes bei wiederkehrenden Rechnungen.

1 - unwichtig	2 – eher unwichtig	3 – eher wichtig	4 – wichtig

3. Eine HBCI-Anbindung zur Automatisation des Einzugs von Forderungen sowie Prüfung des Eingangs.

1 – unwichtig	2 – eher unwichtig	3 – eher wichtig	4 – wichtig

4. Das Kundenmanagement im Sinne von Individualnotizen sowie Erinnerungsfunktionen.

1 – unwichtig	2 – eher unwichtig	3 – eher wichtig	4 – wichtig

5. Die Software soll unkompliziert an das Unternehmenswachstum anpassbar sein.

1 - unwichtig	2 – eher unwichtig	3 – eher wichtig	4 - wichtig

6. Mehrere Benutzer sollen simultan mit dem System arbeiten können.

1 - unwichtig	2 – eher unwichtig	3 – eher wichtig	4 - wichtig

7. Ein vollständiges Personalwesen inkl. Lohnabrechnung soll enthalten sein.

1 - unwichtig	2 – eher unwichtig	3 – eher wichtig	4 - wichtig

8. Das Programm sollte lizenzkostenfrei sein.

1 - unwichtig	2 – eher unwichtig	3 – eher wichtig	4 - wichtig

9. Ein Online-Shop soll unkompliziert angebunden werden können.

1 - unwichtig	2 – eher unwichtig	3 – eher wichtig	4 - wichtig

10. Um die technische Bereitstellung und Wartung des Systems möchte ich mich nicht kümmern müssen.

1 - unwichtig	2 – eher unwichtig	3 – eher wichtig	4 - wichtig

Ergebnisse der Umfrage

Anzahl zugrunde gelegter retournierter Fragebögen von Kleinstunternehmen im Handel- und
Dienstleistungssektor: **7**

	Arithmet. Mittel	**Implikation**
Teil A: Frage 2	1,71	
Teil B: Frage 1	4	Wichtig
Teil B: Frage 2	3,28	Eher wichtig
Teil B: Frage 3	3	Eher wichtig
Teil B: Frage 4	3,43	Eher wichtig
Teil B: Frage 5	4	Wichtig
Teil B: Frage 6	3,57	Wichtig
Teil B: Frage 7	2,14	Eher unwichtig
Teil B: Frage 8	3,29	Eher wichtig
Teil B: Frage 9	4	Wichtig
Teil B: Frage 10	3,86	Wichtig

ThürWerk Inh.: Max Müller

Lieferanschrift:

Rechnungsanschrift:

Angebot Nr. SO018

Ihre Referenz	Datum Angebot	Verkäufer	Zahlungsbedingung
	25.09.2012	Gerlinde Müller	

Beschreibung	USt.	Menge	Preis/ME	Rabatt (%)	Verkaufspreis
Designtisch Herbert 2012	19% Umsatzsteuer	2,000 Stück	90,00	0,00	151,26 €
			Nettobetrag:		151,26 €
			Steuern:		28,74 €
			Summe:		**180,00 €**

30 Tage Netto

www.ingramcontent.com/pod-product-compliance
Lightning Source LLC
LaVergne TN
LVHW042300060326
832902LV00009B/1158